BEI GRIN MACHT SICH IHR WISSEN BEZAHLT

- Wir veröffentlichen Ihre Hausarbeit,
  Bachelor- und Masterarbeit

- Ihr eigenes eBook und Buch -
  weltweit in allen wichtigen Shops

- Verdienen Sie an jedem Verkauf

Jetzt bei www.GRIN.com hochladen
und kostenlos publizieren

Projekt-Risikomanagement am Beispiel einer Implementierung eines Workforce-Management-Systems

Denis Peran

Bibliografische Information der Deutschen Nationalbibliothek:

Die Deutsche Nationalbibliothek verzeichnet diese Publikation in der Deutschen Nationalbibliografie; detaillierte bibliografische Daten sind im Internet über http://dnb.d-nb.de abrufbar.

ISBN: 9783346507990
Dieses Buch ist auch als E-Book erhältlich.

© GRIN Publishing GmbH
Nymphenburger Straße 86
80636 München

Druck und Bindung: Books on Demand GmbH, Norderstedt Germany
Gedruckt auf säurefreiem Papier aus verantwortungsvollen Quellen

Das vorliegende Werk wurde sorgfältig erarbeitet. Dennoch übernehmen Autoren und Verlag für die Richtigkeit von Angaben, Hinweisen, Links und Ratschlägen sowie eventuelle Druckfehler keine Haftung.

Das Buch bei GRIN: https://www.grin.com/document/1134067

FOM Hochschule für Oekonomie und Management Essen

Standort Essen

Berufsbegleitender Studiengang IT-Management

3. Semester

Projektarbeit im Fach IT-Projektmanagement & Software-Engineering

über das Thema

Projekt-Risikomanagement am Beispiel einer

Implementierung eines Workforce-Management-Systems

Abgabedatum: 18.07.2019

Inhaltsübersicht

Inhaltsverzeichnis

Abkürzungsverzeichnis

PMI   Project Management Institute

WMS   Workforce-Management-System

Abbildungsverzeichnis

1 Einleitung

1.1 Problemstellung

„Das Problem zu erkennen ist wichtiger als die Lösung zu erkennen,

denn die genaue Darstellung des Problems führt zur Lösung."

- Albert Einstein

Das Zitat von Albert Einstein verdeutlicht die Signifikanz einer Problem- bzw. Risikoerkennung, welche durch eine detaillierte und strukturierte Analyse zur Lösungsfindung führt.

Vor allem die hohe Anzahl an gescheiterten IT-Projekten fordert eine standardisierte Methodik zur Steuerung von unterschiedlichen Risiken. Bei über einem Viertel aller IT-Projekte ist kein Abschluss des Projekts verzeichnet und das Projekt wird vorzeitig abgebrochen. Die Hälfte der Projekte überschreitet aufgrund von fehlender Anforderungserreichung das Projektbudget oder verzögert sich zeitlich. Lediglich ein Viertel der Projekte wird gemäß den getroffenen abgestimmten Vereinbarungen erfolgreich beendet.[1]

Risiken sind in Projekten und gerade in IT-Projekten ein wesentlicher Bestandteil des zum täglichen Projektgeschäfts und der Projektplanung.[2] Dies gilt auch für die Implementierung eines Workforce-Management-Systems (WMS)[3], da hier aufgrund der Einführung einer neuen Software und Systems auf unterschiedliche technische Herausforderungen erkannt werden können. Es sind jedoch viele Faktoren vorhanden, die den Verlauf eines Projekts sowohl negativ als auch positiv beeinflussen können. Durch die steigende technische Komplexität von IT-Infrastrukturen aufgrund der Vielzahl an IT-Systemen sind unterschiedliche Gründe für das Scheitern von WMS-Projekten erkennbar. Die Integrationen von Systemen in bestehende

---

[1] Vgl. Streitz (2004), S. VII
[2] Vgl. Thaller (2004), S. 10
[3] Ein Workforce-Management-System (WMS) wird als ein ganzheitliches System gesehen, das unterschiedliche Prozesse des Unternehmens wie die Zeitwirtschaft, Lohndaten, Personaleinsatzplanung, etc. in einem System verknüpft.

1

Infrastrukturen erfordert eine detaillierte Bestands- und Kompatibilitätsanalyse. Aufgrund dessen können sich mögliche Fehler auf weitere Systeme verteilen und zu erheblichen Risiken mit nicht identifizierbaren Auswirkungen führen. [4]

Allerdings führen nicht alle Risiken zwangsläufig zu negativen Auswirkungen. So können mithilfe eines strategischen Managements ebenfalls Risiken neue Chancen erkannt werden. Durch die Integration von unterschiedlichen Systemen können gerade in vielen IT-Projekten neue innovative Lösungen realisiert werden. Es entstehen folglich zwar Risiken für den Projektverlauf, jedoch auch Chancen für eine Erhöhung des Projekterfolgs. In vielen Fällen entsteht ein Vorteil gegenüber den Marktwettbewerbern beim Projektabschluss, wenn die Risiken durch das Untersuchen neuer und noch unbekannter Vorgehensweisen eingegangen werden. [5]

Ein aktives Projekt-Risikomanagement kann jedoch nicht nur den Projekt- sondern auch den gesamten Unternehmenserfolg langfristig erhöhen. In der Praxis sind einige Beispiele für die Misserfolgsquote von IT-Projekte erkennbar. Oftmals wird vor allem Komplexität in IT-Projekte unterschätzt und zusätzlich das Risikomanagement aufgrund von mangelnder Ressourcen nicht durchgeführt.

So erhielten bundesweit mehr als 2,5 Millionen Empfänger kein Arbeitslosengeld II nachdem eine Systemlösung zur Auszahlung eingeführt wurde, da die Nummernfelder der Kontonummern mit nachhängenden statt mit führenden Nullen aufgefüllt wurden. [6]

Der Schaden von durch die fehlende Risikoerkennung ist jedoch nicht zwangsläufig von monetärer Art, sondern kann im schlimmsten Fall auch das Leben von Menschen gefährden.

Die Shuttle Mission aus dem Jahre 2006 zeigt, was aufgrund von verspätetem Risikomanagement in IT-Projekten passieren könnte. Ziel der Mission war die Durchführung bis zum Jahresende. Da jedoch die Software des Shuttles 30 Jahre alte war, konnte diese jedoch nicht die notwendigen Anforderungen der Zeitmessung während eines Jahreswechsels erfüllen. Die Risiken bei einem möglichen Ausfall der Zeitmessung oder auch falscher Zeitmessung sind dabei für die Raumfähre und Besatzung unvorhersehbar gewesen. Aufgrund dessen musste die

---

[4] Vgl. Thaller (2004)., S. 11
[5] Vgl. DeMarco,Lister (2003), S. 3
[6] Vgl. Onetz (2004)

Durchführung und der Projektplant der Mission kurzfristig umgestellt werden, um die Gefahren zu beseitigen. [7]

1.2 Zielsetzung

Die vorliegende Projektarbeit soll sowohl einen theoretischen als auch praktischen Überblick über die wesentlichen Themen des Risikomanagements in IT-Projekten aufzeigen. Dabei soll zusätzlich erläutert werden, inwiefern ein konsequentes Risikomanagement bei der Implementierung eines Workforce-Management-Systems durchgeführt werden kann. Des Weiteren soll durch die Darstellung von Parallelen der generellen Risiken in IT-Projekten auch Risiken betrachtet werden, die ebenfalls eine Auswirkung auf ein WMS-Projekt haben können. Durch das Skizzieren und Erläutern der einzelnen Methoden, Werkzeuge und der unterschiedlichen Risikovarianten im Steuern der Risiken während des gesamten Projektverlaufs wird außerdem ein praktischer Bezug aufgebaut.

1.3 Aufbau der Arbeit

Zunächst wird eine theoretische Grundlage geschaffen, indem das Risikomanagement und der Begriff des Risikos eingeordnet und definiert werden. Zusätzlich werden die Vorteile eines Risikomanagements für das WMS-Projekt aufgezeigt. Anhand der Darstellung des Risikomanagements als zyklischer Prozess, werden dann im Anschluss die einzelnen Prozessschritte genauer betrachtet und erläutert. Dabei werden die einzelnen Methoden und Werkzeuge aufgezeigt und wird konkreten Beispielen aus WMS und IT-Projekten spezifiziert. Auf Grundlage der theoretischen Basis und der praktischen Anwendung des Risikomanagements bildet das Fazit zur Durchführung eines Risikomanagements in WMS-Projekt den Abschluss der Projektarbeit.

---

[7] Vgl. Young (2006)

3

2 Einordnung des Risikomanagements

2.1 Begriffsdefinition

Generell lässt sich der Begriff Risiko in zwei wesentliche Faktoren unterteilen und definieren. Der erste Faktor ist die Eintrittswahrscheinlichkeit eines Ereignisses und der zweite der Schaden bzw. die negativen Auswirkungen des Ereignisses.[8] Durch die folgende Formel kann das isolierte Risiko eines einzelnen Ereignisses berechnet werden:[9]

$$Risiko = Eintrittswahrscheinlichkeit * potentielle\ Schadenshöhe$$

Die potentielle Schadenshöhe bezieht sich auf den berechneten, meist finanziellen Wert des Schadens, wenn das Risikoereignis tatsächlich eintritt. Die Eintritts-wahrscheinlichkeit wird dabei als ein Prozentwert angegeben.

Einige Definitionen berücksichtigen dabei noch zusätzlich einen wichtigen unbekannten Faktor, der in den bekannten Definitionen des Begriffs Risiko vernachlässigt wird. Dabei wird das Risiko als ein Fehlschlag von Leistungen durch nicht erwarteten oder beeinflussbaren Ereignisse bewertet. Außerdem spielt die (Fehl-)Entscheidungen und Verantwortung der Entscheidungsträger im Risikomanagement eine wesentliche Rolle, da beispielsweise die Informationsgrundlage über die Auswirkungen in den gewählten Zielgrößen fehlerhaft sein kann. [10]

Des Weiteren werden in der Literatur werden die Begriffe Gefahr und Risiko voneinander eindeutig abgegrenzt, da die Risiken auf Basis der menschlichen Erfahrungen eintreten und eine Auseinandersetzung und Beobachtung mit der damit einhergehenden Unsicherheit beinhaltet. [11]

Das Risiko ist hierbei jedoch nicht zwingend mit den negativen Auswirkungen gleichgesetzt. Die aktive Auseinandersetzung mit Risiken, deren Auswirkungen und das kontrollierte Management dieser kann auch die Chancen auf positive Auswirkungen erhöhen. Dabei handelt

---

[8] Vgl. Wallmüller (2004), S.6
[9] Vgl. ebd., S. 7
[10] Vgl. Bloech, et al.(2001), S.6
[11] Vgl. Theil (1995), S.7 f

4

es sich bei den Chancen meist um positive und lukrative Ausprägungen bevorstehender Entwicklungen und Ereignisse.[12]

Demzufolge treten neben den negativen Abweichungen von der Planung auch positive Abweichungen in Bezug auf den Projektverlauf mit unterschiedlichen Auswirkungen auf. Die negativen Abweichungen spiegeln daher die auftretenden Risiken und die positiven Abweichungen die aufgetauchten Chancen wider.

Aus diesem Grund darf ein Unternehmen nicht versuchen, alle erkannten Risiken zu vermeiden werden, sodass die möglichen Chancen zur Entstehung neuer innovativer Produkte und damit die Chance zum möglichen Alleinstellungsmerkmal und Wettbewerbsvorteil vergeben werden. Eine aktive Risikosteuerung und -kontrolle kann daher mittelfristig zur Wahrnehmung und Sicherung von Chancen führen.[13]

2.2 Differenzierung von Risiken

Als Voraussetzung müssen die unterschiedlichen Risikoarten zunächst gegliedert und erläutert werden, um diese anschließend im Risikomanagement steuern zu können.

Nachfolgend werden zehn mögliche und häufige Risikopotentiale in IT-Projekten auf Grundlage von Barry W. Boehm aus dem Jahr 1991, die in einer zweiten Fassung im Jahre 1998 verfeinert wurden, skizziert:[14]

- Personelles Versagen durch Defizite im fachlichen oder persönlichen Knowhow, personelle Konflikte, fehlendes Engagement, Fahrlässigkeit
- Irreale Kosten- und Terminplanung und zu optimistische Projektverläufe
- Gefährdung durch Inkompatibilitätsprobleme nach Integration und Customizing in Verbindung mit standardisierter Software und externen Systemen
- Fehlerhafte, zu ungenaue oder fehlende Anforderungsdokumentationen und dadurch vorhandene Abweichungen zwischen Anforderungen und entwickelter Funktionen
- Benutzerschnittstellen werden den Anforderungen und Bedürfnissen des Kunden nicht gerecht

---

[12] Vgl. DeMarco,Lister (2003), S. 3
[13] Vgl. ebd., S.3
[14] Vgl. Boehm (1998), S. 32 ff

5

- Fehlerhafte IT-Architektur, Performance- oder Qualitätsmängel
- Stetige Änderungen der aufgenommenen Anforderungen (Change Request)
- Gefahr aufgrund des Einsatzes und fehlender Kenntnisse von Altsystemen, bereits bekannte und ungelöste Probleme, ausgelaufener Support
- Gefahr durch Aufgabenverteilung an externe Dienstleister, fehlende Kontrolle aller Projektbeteiligten, mangelnde Prüfung von Fremdsystemen
- Überschätzung der IT Kenntnisse bzw. Unterschätzung der Aufgaben bei den Projektbeteiligten

Bei Betrachtung der Risikopotentiale wird deutlich, dass diese sich ebenfalls auf WMS-Projekte transferieren lassen. Zusätzlich ist erkennbar, dass bei mehr als der Hälfte der Risiken der Mensch die Ursache in einem Projekt ist.

Gemäß einer Studie aus dem Jahr 2001, in der 100 ausgewählte IT-Verantwortlichen der größten Unternehmen der Schweiz befragt wurden, waren die drei am häufigsten genannten Gründe für geschehterte IT-Projekte unrealistische Erwartungen, eine falsche Planung von Projektressourcen und technische Probleme. Daraus leitete sich ebenfalls die Erkenntnis ab, dass annähernd die Hälfte aller befragten Unternehmen keine eindeutig definierte IT-Sicherheitsstrategie besitzt.[15]

Ferner werden in der Literatur die Risikopotentiale nach Boehm aufgegriffen und sowohl die Qualitätsmerkmale der entwickelten Systemlösungen und als auch das Missverhältnis zwischen Testbetrieb und der realen Belastungen analysiert und gegliedert:[16]

- Robustheit: fehlendes Knowhow im Umgang mit häufigen und verbreiteten Fehlern
- Performance: die Anforderungen werden durch das System erfüllt, jedoch nicht in einer akzeptablen Zeit
- Lokalisierung: Probleme mit den durch das System unterstützten lokalen Einstellungen wie Währungsumrechnungen, Zeitzonen, Sprachen, etc.
- Datenqualität: Beschädigung der Datenbank oder Akzeptanz unzulässiger Daten
- Bedienbarkeit: fehlende Usability der Benutzeroberfläche für die Endbenutzer
- Kapazität: Höchstlast und anhaltende Belastung führt zum Systemausfall
- Verlässlichkeit: sporadische Systemausfälle, defekte User-Sessions, etc.

---

[15] Vgl. Wöll (2002)
[16] Vgl. Black (2002)

Gerade diese Punkte bestärken die Notwendigkeit eines Risikomanagements zur strukturierten Steuerung der Risiken in WMS- bzw. Software-Projekten.

2.3 Nutzen eines Risikomanagements

Um potentielle Risiken rechtzeitig zu erkennen und die Ursache zu identifizieren, sollte ein vorausschauendes und proaktives Risikomanagement in allen WMS-Projekten für die kontinuierlich eingesetzt werden. Eine frühzeitige Identifikation des Risikos ist dabei ausschlaggebend für eine Auslegung der geeigneten Risikostrategie und Verminderung des Risikos. Neben der rechtzeitigen Identifikation können die Kosten und Auswirkungen im voranschreitenden Projektverlauf aufgrund eines fehlenden oder vernachlässigten Risikomanagements exponentiell steigen.

Dies wird durch die folgende Grafik verdeutlicht, welche die Entwicklung der Projektfaktoren in Bezug auf die Kosten während eines Projektes visualisiert.

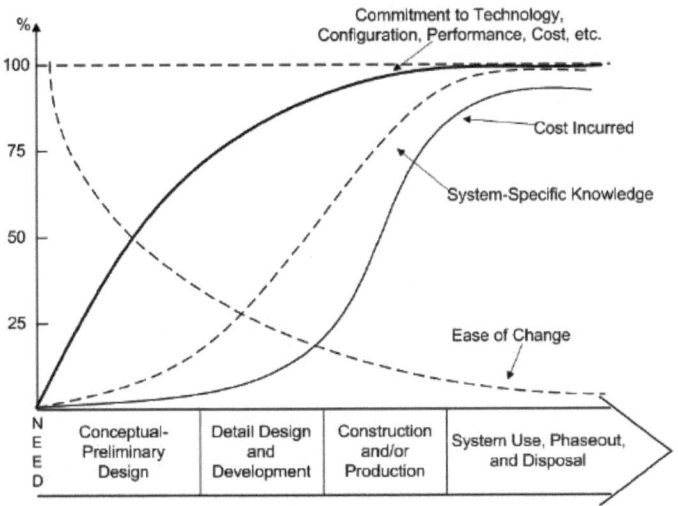

Abbildung 1: Risk of Delaying Risk Management[17]

---

[17] Blanchard,Fabrycky (1998)

Demzufolge ist die Definition der Technologien, Konfigurationen und Performance (Commitment to Technology, etc.) bereits nach der Detail Design- und Entwicklungsphase annähernd beendet ist, wobei die Änderbarkeit des fertigen Systems (Ease of Change) nur noch bei ungefähr 25% liegt. Durch dieses starre Verhalten und dem erforderlichen Maß an systemspezifischen Wissen (System-Specific Knowledge) steigen folglich die Kosten für weitere Anforderungsänderungen erheblich (Cost Incurred).

Abschließend ist demnach das Ziel eines proaktiven Risikomanagements, in den Anfangsphasen eines Projektes frühzeitig das Risiko der Risikopotentiale zu vermindern oder idealerweise zu beseitigen. Nur durch dieses strukturierte und methodische Vorgehen kann die Gefährdung des Projektbudgets und schließlich des gesamten Projekterfolgs.

3 Risikomanagement in der Praxis

Das Risikomanagement wird in der Literatur gewöhnlich in vier Prozessschritte zur Identifikation, Bewertung, Bewältigung und Kontrolle/Überwachung von Risiken gegliedert. In einigen Definitionen wird die Analyse zusätzlich in eine qualitative und eine quantitative Risikobewertung unterteilt. Die folgende Grafik visualisiert die einzelnen Schritte zur strukturierten Durchführung des Risikomanagements nach PMI.

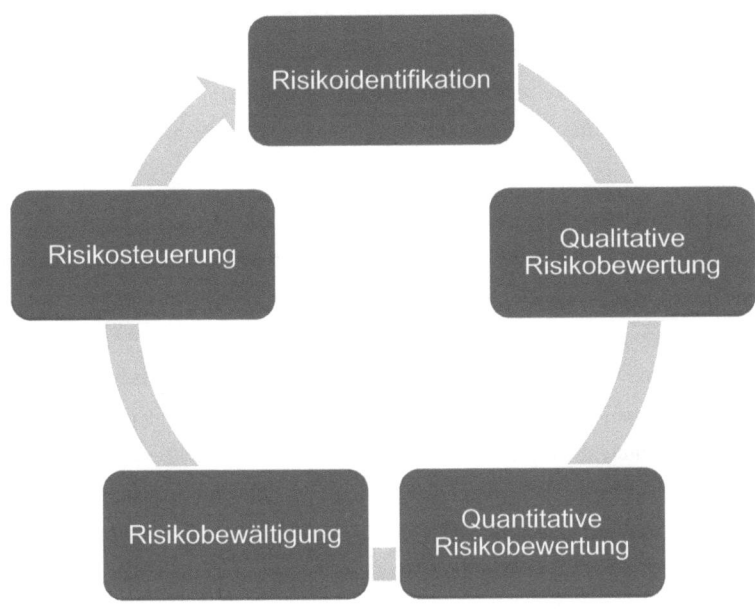

Abbildung 2: Risikomanagement nach PMI[18]

3.1 Risikoidentifikation

Wie in den vorherigen Kapiteln beschrieben ist der erste Schritt des Risikomanagement, nach der Entscheidung für das entsprechende Vorgehen, die Identifikation der möglichen Risiken.

---

[18] In Anlehnung an: PMI (2012)

Dabei ist die frühzeitige und systematische Identifikation und Dokumentation von Risikopotentialen eine wichtige Voraussetzung für die Planung von Gegenmaßnahmen.[19]

Ein unbekanntes Risiko gefährdet demnach in kritischen Fällen das gesamte Risikomanagement und damit das Projekt. Aufgrund der Bedeutung zählt die Risikoidentifikation zu den schwierigsten und aufwendigsten Prozessschritten des Risikomanagements. Des Weiteren fehlt nach der Identifikation der Risiken die Bestätigung, dass alle potentiellen Risiken vollständig erfasst sind.[20]

Bei der Implementierung eines WMS ist eines der wesentlichen Problematiken einerseits der überschätzte Optimismus der Entwickler und andererseits das fehlende Knowhow für die Softwareentwicklung bei den weiteren Projektbeteiligten. Aus diesen beiden unterschiedlichen Sichtweisen ergeben sich oftmals Risiken, die in den ersten Schritten nicht identifiziert werden können.

Aufgrund dessen wird beispielsweise angenommen, dass die Implementierung von wieder verwendbarer Software keinen zusätzlichen Entwicklungsaufwand verursacht oder, dass die Termine zur Lieferung z.B. von Hardware immer eingehalten werden. In dem Prozessschritt der Risikoidentifikation werden üblicherweise kreative Methoden und Techniken eingesetzt, die mehrere Beteiligte involvieren. Dazu zählen gängige Methoden wie beispielweise das Brainstorming, die Delphi-Methode zur Expertenbefragung oder die Erstellung von Mindmaps zur grafischen Darstellung. Da diese Methoden prädestiniert für mehrere Beteiligte sind, kann durch diese unterschiedliche Sichtweisen eine möglichst vollständige Identifikation von Risiken angestrebt werden.[21] Zusätzlich kann durch sogenannte „risk item"-Checklisten auf bereits identifizierte Risiken aus vergangenen Projekten zurückgegriffen werden[22]

3.2 Risikobewertung

Der nächste Prozessschritt bewertet die mögliche Schadenshöhe in Bezug auf die Eintrittswahrscheinlichkeit des Risikos. Dabei werden die Risikopotentiale klassifiziert und je nach Bewertung und Einordnung entsprechende Bewältigungsmaßnahmen eingeplant.

---

[19] Vgl. Wallmüller (2004), S.120 ff.
[20] Vgl. Theil (1995), S. 23
[21] Vgl. Thaller (2004), S. 82 ff
[22] Vgl. Theil (1995), S. 23 ff

Demzufolge wird die Risikobewertung auch als Grundlage für die Entscheidungen zum Umgang mit Risiken in den weiteren Schritten gesehen.[23] Zur Einordnung und Bewertung der Risiken kann in der Praxis eine Risikomatrix eingesetzt werden. Mithilfe dieser Matrix kann die Schadenshöhe und Eintrittswahrscheinlichkeit auf einer Skala (z.B. niedrig bis hoch) eingestuft werden.

Anmerkung der Redaktion: Diese Abbildung wurde aus urheberrechtlichen Gründen entfernt.

Abbildung 3: Beispiel für eine Risikomatrix[24]

Die einzelnen Bewertungen auf der Skala werden oftmals in der Praxis subjektiv durch Befragung mehrerer Projektbeteiligte vorgenommen. Es können jedoch auch Einstufungen auf Basis von Erfahrungswerten, wie beispielsweise die Auswertung von Planungs- bzw. Controlling-Unterlagen oder auch Schadens- und Kostenstatistiken, durchgeführt werden.[25]

Jedoch werden auch gängige Analysemöglichkeiten wie Benchmarks, Simulationen oder auch einzelne Analysen der Prozesse für eine objektive Bewertung eingesetzt. Insbesondere in WMS-Projekten sowie allgemein IT-Projekten können dadurch Risiken wie z.B. schlechte Operabilität des Programmcodes oder ein hoher Bedarf an Hardwareressourcen sachlich und methodisch bewertet werden.[26]

Betrachtet man das Risikomanagement nach PMI wird zusätzlich die Bewertung der Risiken in die qualitative und die quantitative Risikobewertung gegliedert. Dabei liegt der Fokus der qualitativen Risikobewertung auf den nicht monetären Auswirkungen der erkannten Risiken für das Projekt, während in der quantitativen Risikobewertung ergänzend die monetären Risiken analysiert werden.[27]

---

[23] Vgl. Theil (1995), S. 79
[24] Peterjohann (o.J.)
[25] Vgl. Wallmüller (2004), S.120 ff
[26] Vgl. Thaller (2004), S. 92 ff
[27] Vgl. Peterjohann (o.J.)

3.3 Risikobewältigung

Anschließend an die einzelnen Bewertungen im Risikomanagement werden die Maßnahmen zur Risikobewältigung jedes einzelnen Risikos geplant. Dieser Prozessschritt verfolgt das Ziel, einen möglichen Schaden und die Eintrittswahrscheinlichkeit der Risiken zu verringern oder idealerweise gänzlich zu vermeiden. Es können dabei folgende unterschiedlichen Vorgehensweisen mit Risiken durchgeführt werden:[28]

Risikovermeidung:

Wenn das Risikopotential eine hohe Schadensauswirkung und hohe Eintrittswahrscheinlichkeit aufweist, gefährdet dieses das Projekt und könnte im schlimmsten Fall das gesamte Projekt zum Scheitern führen. Folglich wird durch die Projektverantwortlichen versucht, diese Risiken trotz häufig notwendiger hohen Kosten gänzlich zu vermeiden

Risikoverminderung:

Bei Risiken mit einer geringeren Eintrittswahrscheinlichkeit und Schadensauswirkung wird versucht, das Risiko bzw. die Schadenshöhe beim tatsächlichen Eintritt zu vermindern. Zu diesen Risiken zählen in der Praxis oftmals organisatorische oder technische Risiken, die jedoch durch eine rechtzeitige Planung von Gegenmaßnahmen reduziert werden können.

Risikoübertragung:

Aufgrund von bestimmten Vertragsbestandteilen, beispielsweise mit Lieferanten, ist eine Verlagerung und damit Übertragung des Risikos auf eine externe Partei (z.B. Lieferant) möglich. Ist eine Übertragung des Risikos im ersten Schritt nicht möglich, können durch Versicherungsabschlüsse diese Risikopotentiale auf ein Versicherungsunternehmen verlagert werden.

Risikoakzeptierung:

Bei einer sehr niedrigen Schadensauswirkung und Eintrittswahrscheinlichkeit im Projekt können die Risiken akzeptiert werden. Bei einem (unwahrscheinlichen) Eintreten dieser Risiken, muss jedoch mit der vollen Schadenshöhe des Risikos gerechnet werden. Dennoch

---

[28] Vgl. Wallmüller (2004), S.19 f

ist hierbei relevant, diese Risiken zu überwachen und die Entwicklung des Gesamtrisikos auf das Projekt zu stetig zu kontrollieren.

Mithilfe dieser Maßnahmen zur Risikobewältigung soll ein erfolgreicher Projektabschluss erreicht werden und zu jedem Risiko eine passende Strategie gefunden werden. Diese einzelnen Strategie können wie folgt grafisch dargestellt werden:

Anmerkung der Redaktion: Diese Abbildung wurde aus urheberrechtlichen Gründen entfernt.

Abbildung 4: Maßnahmen zur Risikobewältigung[29]

Durch diese Maßnahmen zur Bewältigung wird das Gesamtrisiko im Projekt sukzessive reduziert. Idealerweise sind somit nur noch Risikos vorhanden sind, die aufgrund der Schadenshöhe und Eintrittswahrscheinlichkeit akzeptiert oder die nicht identifiziert werden können.

Außerdem kann durch eine effiziente und vorausschauende Planung von Bewältigungsmaßnahmen gleich das Gesamtrisiko von mehreren Risiken gleichzeitig reduziert werden, was die Zeit und Kosten für das Risikomanagement für das ganze Projekt enorm reduzieren kann. Es können beispielsweise zentrale Tools für das Überwachen von mehreren Risikopotentialen innerhalb eines WMS-Projekts (z.B. Performancerisiken) eingesetzt werden.[30]

3.4 Risikosteuerung und –überwachung

Sind die Risiken erkannt und entsprechende Strategien zur Bewältigung definiert, müssen diese im letzten Prozessschritt fortlaufend gesteuert und überwacht werden. Dabei spielt die Steuerung analog zu allen Managementprozessen eine entscheidende Rolle, sodass die Risiken langfristig reduziert werden können.

---

[29] Peterjohann (o.J.)
[30] Vgl. Wiegers (1998)

Die Voraussetzung für eine Risikosteuerung ist eine detaillierte und unmissverständliche Dokumentation aller Risiken. Nur dadurch kann der jeweilige Stand der Risiken für alle Projektbeteiligten und Stakeholder kontinuierlich im Projekt überwacht und auch präsentiert werden. Daher ist die rechtzeitige Risikoidentifikation und Dokumentation am Projektanfang ausschlagend für den gesamten Projektverlauf.[31]

Es kommt unterschiedliche Möglichkeiten, diese Risiken über den gesamten Projektverlauf zu überwachen. Der Stand der Risiken kann beispielweise in sogenannten Risikostatusreports erfasst werden, um die Risiken selbst, das jeweilige Gesamtrisiko, die Risikomatrix und Meilensteine aus der Risikosteuerung.[32]

Durch die konsequente Überwachung der Risikostatus mithilfe von Monitoring-Tools und der Dokumentation von Reports, Zieldefinitionen und Meilensteinen kann erst das durchgehend das Risikomanagement durchgeführt werden. Dazu werden auch sogenannte Frühwarnsysteme eingesetzt, welche die Projektfaktoren auf das Überschreiten von vorgegebenen Richtlinien kontrollieren und bei einem Verstoß diesen an die Verantwortlichen im Projekt kommuniziert.[33]

3.5 Risikomanagement als Kreislauf

Der Prozess des Risikomanagements wird dabei als ein Kreislauf abgebildet und in der Praxis auch behandelt. Dieser Kreislauf wird dabei parallel zum Verlauf des Projekts gesehen. Erst durch eine kontinuierliche Überwachung der erkannten Risiken, der regelmäßig wiederkehrenden Identifikation von Risikopotentialen und der Analyse dieser Risiken kann ein Projekt langfristig erfolgreich sein. Infolgedessen müssen die Beteiligten eines Projekts zyklisch über Risikopotentiale und erforderliche Bewältigungsstrategien informiert werden, um eine Objektivität der Risiken und Reduktion des Risikos durch alle Beteiligten zu erreichen. Aus diesem Grund werden in größeren Projekten für den gesamten Projektverlauf Verantwortliche für das Risikomanagement definiert.[34]

---

[31] Vgl. Wiegers (1998)
[32] Vgl. Wallmüller (2004), S.132 ff
[33] Vgl. Thaller (2004), S. 98 ff
[34] Vgl. Thaller (2004), S. 102 ff

Durch folgende Faktoren kann zusätzlich der Aufbau eines Risikoverständnisses und -bewusstseins in WMS-Projekten gefördert werden: [35]

- Positiver Führungsstil und Unternehmensphilosophie
- Fachliche Kompetenz der Mitarbeiter
- Offene hierarchieunabhängige Kommunikation
- Eindeutiges Verständnis von Risikomanagement bei allen Mitarbeitern des gesamten Unternehmens
- Schnelle Kommunikation von Risikostrategien
- Darstellung des Risikos als Chance zur rechtzeitigen Einplanung von Gegenmaßnahmen
- Unternehmensweiter Informationstransfer zur Durchführung des Risikomanagement über alle Grenzen (geschäftliche, geographische und hierarchische)

---

[35] Vgl. Wallmüller (2004), S.20

15

4 Fazit

Das Risikomanagement zählt zu den wichtigsten Bestandteilen eines ganzheitlichen Projektmanagements, da es zum Erfolg eines Projekts maßgeblich beiträgt. Dabei lässt sich das Gesamtrisiko während eines WMS-Projekts nicht nur durch eine konsequente Durchführung der beschriebenen Prozessschritte und Maßnahmen identifizierter Risiken deutlich verringern, es kann ebenfalls zu ganz neuen Chancen führen.

Dabei spielt der Projektmanager in den Projekten eine entscheidende Rolle. Er ist für eine Planung eines aktiven und nachhaltigen Risikomanagement verantwortlich und muss daher auch alle weiteren Projektbeteiligten über potentielle Projektrisiken informieren und diese entsprechend steuern. Jedoch besteht das Problem, dass zu Beginn des Projekts in der Regel nur wenige Endanwender involviert werden, sodass möglicherweise nicht alle Anforderungen aufgenommen bzw. geäußert wurden. Dadurch können wiederum neue Risiken für das gesamte Risiko entstehen. Daher ist es sinnvoll, nicht ausschließlich die am Anfang des Projekts wichtige Identifikation, Dokumentation und Prävention der Risiken, sondern die beschriebenen Schritte bei jeder Veränderung des Projekts zyklisch durchzuführen. Durch das rechtzeitige Risikomanagement kann außerdem das Projektbudget eingehalten, da jegliche Risikopotentiale frühzeitig erkannt und bewältigt werden können. Des Weiteren lassen sich Einbeziehen von weiteren Beteiligten in das Risikomanagement, wie beispielsweise Stakeholder, lassen sich schwerwiegende Risiken effizienter überwachen und steuern.[36]

Gerade in Softwareprojekten wie WMS-Projekten werden aufgrund der technischen Komplexität die sozialen Risiken im Projektumfeld nicht berücksichtigt. Dabei werden Projektteams nicht effizient zusammengesetzt und sowohl Teambildung sowie Kommunikationsrichtlinien vernachlässigt. Jedoch auch im Umgang mit Key-Usern und Endnutzern können viele soziale Risiken entstehen, da diese sich beispielsweise aufgrund der Komplexität überfordert fühlen oder kein Mitspracherecht bei der Anforderungsaufnahme erhalten.

Auch diese Risiken müssen im Risikomanagement betrachtet werden und passende Maßnahmen ergriffen werden.

---

[36] Vgl. Wiegers (1998)

16

Eines der wesentlichen Herausforderungen zur Durchführung eines ganzheitlichen Risikomanagements sind in vielen Projekten die mangelnden Personalressourcen. Für eine möglichst vollumfängliche Identifizierung der Risikopotentiale müssen ausreichend Ressourcen für das Risikomanagement bereitgestellt werden und ebenfalls die Motivation der Verantwortlichen dafür gesteigert werden. Laut einer Studie des Instituts PMI aus dem Jahr 2004, bei der 187 IT-Entscheidern befragt wurden, erhalten nur 23% der befragten Mitarbeitern ein Lob oder Anerkennung durch den Vorgesetzten beim Aufzeigen von Risikopotentialen. Des Weiteren empfinden 12% der Befragten, dass für ein effizientes Risikomanagement mehr Ressourcen zur Verfügung gestellt werden müssen. [37]

Das Risikomanagement ist weiterhin ein wesentlicher Bestandteil des Projektmanagements, welches jedoch selten bei der Implementierung von Softwareprojekten in vollem Maße durchgeführt wird. Jedoch steigt die Komplexität der Systeme aufgrund von Automatisierungen und wachsenden IT-Infrastrukturen erheblich, sodass das Risikomanagement nahezu unumgänglich wird.

---

[37] Vgl. Voetsch,Cioffi (2004)

Literatur- und Quellenverzeichnis

Black (2002)   Rex Black: Investing in Software Testing - The Risks to System Quality. In: Compaid eZine: eZine - Cost of Quality, Computer Aid Inc., Allentown, PA, 2002

Blanchard,Fabrycky (1998)   Benjamin Blanchard, Wolter Fabrycky: Systems Engineering and Analysis. Pearson Professional, Upper Saddle River, 1998

Bloech, et al. (2001)   Jürgen Bloech, Carl-Christian Freidank, Burkhard Huch , Wolfgang Lücke (Hrsg.): Beiträge zur Unternehmensplanung - Risikomanagement. Physica Verlag, Heidelberg 2001

Boehm (1991)   Barry W. Boehm: Software Risk Management: Principles and Practices. In:IEEE Software Volume 8, Issue 1 (January 1991), IEEE Computer Society Press, Los Alamitos 1991

Boehm (1998)   Barry W. Boehm: Software Risk Management. USC Center of Software Engineering, Los Angeles 1998

DeMarco,Lister (2003)   Tom DeMarco, Timothy Lister: Bärentango – Mit Risikomanagement Projekte zum Erfolg führen. Carl Hanser Verlag, München 2003

Nicolle (2003)   Lindsay Nicolle: Big issue - Project Management. In: ITconsultant magazine, 01. September 2003, Isleworth 2003

Onetz (2004)   Onetz, Peinliche Panne bei Auszahlung von "ALG II", 2004, http://www.onetz.de/deutschland-und-die-welt-r/archiv/peinliche-panne-bei-auszahlung-von-alg-ii-d1209367.html (zuletzt aufgerufen: 14.06.2019 19:00 Uhr)

Peterjohann (o.J.)   Horst Peterjohann, Risikomanagement in Projekten, Peterjohann Consulting; http://www.peterjohann-consulting.de/risikomanagement-in-projekten (zuletzt aufgerufen: 14.06.2019 19:00 Uhr)

PMI (2012)	Project Management Institute: A Guide to the Project Management Body of Knowledge (PMBOK Guide). 5. Ausgabe, Project Management Institute, Philadelphia, Pennsylvania 2012
Streitz (2004)	Siegfried Streitz: IT-Projekte retten (Risiken beherrschen und Schieflagen beseitigen). Carl Hanser Verlag, München 2004
Thaller (2004)	Georg Erwin Thaller: Drachentöter – Risikomanagement für Software-Projekte. Heise Zeitschriften Verlag, Hannover 2004
Theil (1995)	Michael Theil: Risikomanagement für Informationssysteme. Service, Fachverlag, Wien 1995
Voetsch,Cioffi (2004)	Robert James Voetsch, Denis F. Cioffi: Risk Management's Positive Effect on Projects. ESI Horizons - The Complete Source for Project Management Solutions, February 2004 Volume 5, Number 10, Arlington 2004
Wallmüller (2004)	Ernest Wallmüller: Risikomanagement für IT- und Software-Projekte. Carl Hanser Verlag, München 2004
Wiegers (1998)	Karl E. Wiegers: Know Your Enemy - Software Risk Management. Process Impact: Software Development, vol. 6, no. 10, Happy Valley, OR 1998; http://www.cs.pomona.edu/classes/cs181f/supp/risk_mgt.html (zuletzt aufgerufen: 14.06.2019 19:00 Uhr)
Wöll (2002)	Peter Wöll: IT-Kosten und IT-Performance 2002, Betriebswirtschaftliche Studie der Schweizer Informatikabteilungen. Ernst&Young AG, Zürich 2002
Young (2004)	Kelly Young: Y2K-like fears create shuttle scheduling crunch. NewScientist.com news service, 06. November 2006, London 2006; https://www.newscientist.com/article/dn10459-y2k-like-fears-create-shuttle-scheduling-crunch (zuletzt aufgerufen: 14.06.2019 19:00 Uhr)